www.ingramcontent.com/pod-product-compliance
Lightning Source LLC
Chambersburg PA
CBHW061518050726

47593CB00002B/624

متاع رنج

حسیب الرحمن طور

کتاب   متاعِ رنج

مصنف   حسیب الرحمن طور

پہلا ایڈیشن   2020

ISBN: 978-1-0878-6105-0

والد صاحب کے
نام

ترتیب

دیباچہ

ہم میں سے ہر ایک شخص میں کیئ خزانے مخفی ہیں۔ ضرورت اس امر کی ہے کہ ان خزانوں کو تلاش کیا جائے۔ میں نے اپنے والِد صاحب (خلیل الرحمن طور) سے سُن رکھا تھا کہ غم خزانے کی کُنجی ہے۔ اِس کُنجی کی حقیقت مُجھ پر اُس ناگہانی وقت عیاں ہوئی جب میرے والِد صاحب اِس دُنیاِ فانی سے کوچ کر گیے۔

حالاں کہ شعر تو میں بچپن سے کِسی نہ کِسی اعتبار سے کہہ رہا تھا، لیکن والِد صاحب کی وفات کے بعد ہی مُجھے وہ کُنجی غم عطا ہوئی جس نے اِس خزانے کو کھولا۔ شعر لکھنے کے عمل کے بارے میں کیا خوب غالب نے کہا۔

آتے ہیں غیب سے یہ مضامیں خیال می

غالب صریرِ خامہ نوائے سروش ہے

لاہور، پاکستان کی جم پل ہونے کے ناتے ، میری مادری زبان پنجابی ہے اور قومی زبان اردو رہی ہے، اس لیے شاید نوائے سروش انھی زبانوں میں سنائ دی۔ اور میں نے پوری ایمانداری سے اسے حرف بہ حرف محفوظ کیا۔ اسی لیے آپ کو یہ دونوں ہی رنگ یہاں ملیں گے۔

کیوں کہ میری پنجابی، لاہور شہر کی پنجابی ہے جو کہ اردو سے بہت قریب ہے، اس لیے مجھے امید ہے کہ اگر آپ کو پنجابی نہیں بھی آتی تب بھی آپ کو سمجھنے میں دشواری نہیں ہو گی۔

ماں کا حق بیشک سب سے پہلے ، اس لیے شروعات پنجابی شاعری سے کی ہے۔ جس کے بعد دوسرا باب اردو شاعری کا ہے، اردو میں ہی میرا بیشتر کلام ہے۔

آخر میں، میں اپنی شریک حیات کا شکریہ بھی لازم سمجھتا
ہوں، جو کیئ برسوں سے میری سامع و ناقد واحد کی ذمہ
دمری انتہای صبر و تحمل سے انجام دے رہی ہیں -

پنجابی شاعری

رب نال گلاں

نیت کر لے ہمت پھڑ لے
رب سچے نال گلاں کر لے

کم تیہنوں بتھیرے ہون گے
سوہنے رنگ دنیا دے ہونگے
فیر وی پنج نمازاں پڑھ لے
رب سوہنے نال گلاں کر لے

غم دے ہر سو پیے ہنیرے
مکر فریب دے ہر تھاں ڈیرے
عشق اللہ دا چانن کر لے
رب رحمان نال گلاں کر لے

لا نال دل نو خالی کر لے
للّٰہ نو قلب تے جاری کر لے
نفی اثبات دا پانی بھر لے
رب سچے نال گلاں کر لے

بھاںویں سب تینوں کلا چھڈ دین
خلیل للّٰہ جیی یاری کر لے
حسیب نماذ دا پلا پھڑ لے
رب سوہنے نال گلاں کر لے

کملی والے بیٹھک لائ اے

آج فیر ہنیری راتی وِچ
جھکڑاں دی اس بربادی وِچ
آقا ﷺ دی یاد ستائ اے
کملی والے ﷺ بیٹھک لائ اے

غماں نال بھری اس حیتی وِچ
حنجواں نال ڈھلی اِس چھاتی وِچ
فیر وسیا نورِ الٰہی اے
کملی والے ﷺ بیٹھک لائ اے

کیوں پیناں ایں توں بیہساں وِچ
قُرآن حدیث سُنت سب سچ
مُحمد ﷺ بُرہانِ الٰہی اے

کملی والے ﷺ بیٹھک لئ اے

او رب نوں پیارا سب پیاریاں وِچ
سب توں پیارا اوہی میں نوں ساریاں وِچ
میں کیسی نِسبت پائ اے
کملی والے ﷺ بیٹھک لئ اے

حسیب کاش آخری ساہواں وِچ
ہواں یثرب دی راہواں وِچ
میں نوں سبز گُنبد دِسدا ہوے
کملی والے ﷺ بیٹھک لئ ہوے

اِک سال ہویا

میں نوں اپنے یار توں وِچھڑے اِک سال ہویا
ہنجواں دی برسات چھڑے اِک سال ہویا

دھُپ تے کی، چھاویں وی ہُن تے سوکھِیاں نہیں
اُس دی ٹھنڈی چھاں کُھسے اِک سال ہویا

کوئ مے، مے خانہ، ہُن تے بجرا نہیں
ے فِراق لَبِ جام ہوے، اِک سال ہویا

وقت دی چکی ہِلدی نہیں، کی ہویا اے
صد یاں نہیں؟ کی داسدا ایں، اِک سال ہویا؟

درد حیاتی اُس نے کٹی ،ربا اُس تے کرم کریں
میرا یار تیرا مہمان ہوے ، اک سال ہویا

حسیب ھنیری راتاں وِچ کدر جاویں گا
اُس دیوے دی لاٹ مکے، اِک سال ہویا

کس گل دا رونا

کیڑی جِندڑی یار گُذاری اے
کیڑی راہ حشر توں چاڑھی اے
کیڑی ڈاڈھی رات اندھیاری اے
کیڑی تھاں ، اپنی قبر توں گاڑھی اے
کیڑا یار سجن تے بیلی اے
جِنے سینے خنجر گاڑھی اے
اے اِنج دا اِنج ہی ہونا سی
اے فصل توں آپ ہی چاڑی اے

دلی خواہش

اج دی راتی مُرشدِ کامِلﷺ
میں نوں اپنے کول بٹھا لو
گوڑھیاں پالو

عشق میرا اویس جیا نہیں
صبر میرا صدیق جیا نہ
عمل میرا فاروق جیا نہیں
علم میرا علی دی پرچھاں نہیں
سخی وی میں عثمان جیا نہیں
فیر وی پیر دی خاک بنا لو
گوڑھیاں پالو

چوٹھا مکار تے پاپی ہاں میں
مسلمان تے کی ناپاکی ہاں میں

اس اُمت دا کمی زاتی ہاں میں
کالی کملی وچ چھپا لو
گوڑھیاں پالو

دل وِچ ایہی چاہ سمائ
رب نوں وی اے عرضی پائ
اس کمی دی وی ہو شنوائ
حسیب نوں اپنا غلام بنا لو
گوڑھیاں پالو

والد صاحب دے ناں

علم دیاں گلاں دسدے دسدے چھڈ گیے میں نوں
ادھے رستا چلدے چلدے چھڈ گیے میں نوں

دل وِچ اکو کسک جیہی بُن تے رے گیئ اے
خورے کِس دے وس تے توسی چھڈگئے میں نوں

بلدی دُھپ وِچ چھاں جیے بن بن ریہندے سی
شِکر دوپیہرے فیر کیوں توسی چھڈگئے میں نوں

بچپن توں اوہی یار استاد تے بیلی سن
میں تے بن وی بچہ توسی چھڈگئے میں نوں

حسیب حساب دا ویلا جد وی آوے گا
میں تے اوہی کیہنا جو او دس گئے میں نوں

تیری یاد

جَد یاد تیری مینو آندی اے
دل میرے نوں کُرلاندی اے
اکھ حنجواں نال بھر جاندی اے
نِت ساون رنگ برساندی اے

تیری یاد میرا سرمایا اے
جنے ہر سوُ چانن پایا اے
ہنیری راہواں نوُں چمکایا اے
منزل دی راہ تے پایا اے

حسیب شاماں دا ویلا اے
جِندڑی دا اوہی جھمبیلا اے
پلے اج وی نہ دھیلا اے

یاداں دا فیر وی میلا اے

کیں ہوۓ

اِنجھ دا ہوگیا ہُن ایں ہوۓ
خَورے ہو گیا اِنجھ کیں ہوۓ

پِنڈا ساڑدی دھُپاں سی
چھاواں ہو گئیاں فیر کیں ہوۓ

نِکے نِکے بوٹے سن
بیلاں بن گیاں فیر کیں ہوۓ

اُڈیاں توں وی تھلے سہن
کندھاں چڑھ گیے ہُن کیں ہوۓ

اُنگلیاں میری پھڑدے سن
تِتلیاں ہوآن جیہے

باہاں ہُن میری پھَڑدے نے
بن گئے نے میرے دیوے

میتھوں بغیر نہ ریہندے سن
ہُن مینوں چھَڈ گیے کیہوے

خبر مینوں کیوں ہوی نہ
پہنچیا گَدھ ترتھی توں نیہوے

میری قبر تے کوی آہوے گا؟
بالن لیئ اوس تے دیوے

بھری ہوئی عملاں دی گٹھڑی

چھید اوہدے وِچہ ہو گئے کیہہوے

حسیب ہائے بیخبری تیری

اِنجھ دا ہویا اِنجھ کیہہوے

اردو شاعری

تیرا درد

تیرا درد مجھ کو بھلا لگے
تیری یاد مجھ کو شفا لگے

یہ فراق تو وہ فِراق ہے
جو وصال سے بھی بھلا لگے

یہ وہ پھول ہے جسے دیکھ کر
میرا زخم یوں ہی ہرا رہے

میرا آئینہ ہوا چُور چُور
میرے آنسو موتی نما لگے

تیری یاد کے جلے دیپ پھر

شب ہجر سحر نما لگے

حسیب درد و اشک کے یہ سلسلے

تیری عمر بھر کی متاع لگے

ایک بُوند پانی کی

ایک بُوند پانی کی، پُوچھتی پھِر مُجھ سے
وہ زمیں کیوں چھوڑ آیا،اُنس تھا جِسے تُجھ سے

وہ شجر کیوں چھوڑ آیا، جِس کی ٹھنڈی چھاؤں تھی
چِلچِلاتی دھُوپیں اور دُور، سایاِ شجر تُجھ سے

اجنبی اِن راہوں پر، مارے مارے پھِرتے ہو
وہ شہر کیوں چھوڑ آئے ، پیار تھا جِسےتُجھ سے

ایک بُوند پانی کی مُجھ کو کیوں ستاتی ہے
مُجھ کو کیوں رُلاتئ ہے، چیختی ہے کیوں مُجھ پہ

کہتی ہے پلٹ جاؤ، دیکھو اپنے گھر جاؤ
یہ نہ ہو کہ مر جاؤ، اور دُور وہ شجر تُم سے

اجنبی اِس بستی میں، ہے کوئ تُمھارا بھی
اب کِسے پُکارو گے، دُور سب کے سب تُم سے

آپ ہی بتا دیں کیا، اُس کو سچ بتا ڈالوں؟
سب کا سب بتا ڈالوں ، کیا ہوا سِتم مُجھ پے

کاش میں بتا سکتا، زخم سب دکھا سکتا
اس زمیں کی چاہت میں اے دلِ ہزیں تُجھ پے

اُس شہر کے باسی لوگ، پیار سے کیا واقف ہیں؟
ہاں اُسی شہر کے لوگ، پیار تھا جِسے مُجھ سے

اُس شجر کا سایا بھی، کب مُجھے مُیسر تھا
چھاؤں کب مِلی مُجھ کو، دھُوپ ہی رہی مُجھ پہ

سوچتا تو میں بھی ہوں ، اب حشر بپا کر دوں
اُس پہ یہ نِہاں کر دوں، ظُلم جو ہوا مُجھ پے

حسیب پر میں ڈرتا ہوں، سِہم ہی نہ جائے وہ
سُوکھ ہی نہ جائے وہ، رُوٹھ کے کہیں مُجھ سے

اُجڑا مکان

تُم کو تو سب پتا تھا، ہمیں کو خبر نہ تھی
اُجڑا تھا کیوں مکاں، بِجلی تھی کیوں گِری

اُجڑے ہوے مکاں سے، دھو ڈالو میرا خوں
کسی کو نہ یہ گُماں ہو، یہ مقتل بنا کبھی

گر تُم سے ہو سکے تو، اٹھا لاؤ میرا دل
اس کے سوا وہاں پر، کُچھ بھی میرا نہیں

کیوں چل ہَوا پڑی ہے، اور اتنی تُند و تیز
گھنے درخت ہائے، ہوا کیوں ہے لے اُڑی

وہ ایسا شخص پیارا ، اور باعثِ افتخار
ایک اور شفیق چہرا ، وہ بھی رہا نہیں

جاء فنا ہے دُنیا، کرو ہوش تُم حسیب
مدہوش تُم پڑے ہو، تُم کو خبر نہیں

تُم نہیں آئے

برسوں ہیں بیتے پر تُم نہیں آئے
یہ دل رو رہا ہے، کہ تُم نہیں آئے

یہ جیون کی شامیں تو اب تک حسیں ہیں
ہاں پُرنم ہیں آنکھیں، اور غم کے ہیں سائے

گُلِستاں میں میرے تو گُل کِھل رہے ہیں
بوُے گُل پوُچھتی ہے، کیوں تُم نہیں آئے

یہ کیسی جھڑی ہے، جو رُکتی نہیں ہے
نہ انسو ہیں تھمتے، نہ تُم ہی ہو آئے

میں سوچوں میں گُم ہوں زمانے سے غافِل
میں یہ سوچتا ہوں ، کیوں تُم نہیں آۓ

حسیب میری میت وہ لے جا رہے ہیں
یہ کیسا سِتم ہے کہ تُم نہیں آۓ

میرے دیس کے شاعر

وہ میرے دیس سے شعر سنانے آئے ہیں
جو سو رہے تھے وہ جذبات جگانے آئے ہیں

وطن کو اب بھی میری یاد آتی ہے بہت
وہ آج مجھ کو یہ بات بتانے آئے ہیں

اُسے تو میں بھی نہیں بھول پایہ مگر
یہ اور بات کہ رنگ دھندلائے ہیں

بچھڑتے وقت تو آنکھیں نہیں ہوئ پرنم
مگر اس دل نے آنسو بہت بہائے ہیں

عجیب لوگ ہیں دیس اپنا چھوڑنے والے
نہ یاد کرتے ہیں اور نہ بھول پائے ہیں

پردیس کی شامیں اداس لگتی ہیں حسیب
ہر ایک لمحے پہ یادوں کے لمبے سائے ہیں

سراب منزلیں

محبتو کا حساب مانگتے ہو
عشق کو تم بھلا کیا جانتے ہو

عشق کے کاروبار کو تم
اشک کا بیوپار جانتے ہو

بات تو زرہ سی ہے دیکھو
طول تو اس کو تم باندھتے ہو

راہ عشق میں، کیوں حسیب؟
منزلوں کو سراب مانتے ہو

شِہر جل رہا ہے

تیرے شہر کی تپش سے میرا ہاتھ جل نہ جائے

میں دور ہی بھلا ہوں ، یہ مجھے تو نہ جلائے

یہ آگ میرے ہمدم، تجھے خود بجھانی ہو گی

چنگاری جو لگائے، وہ خُود ہی اُسے بجھائے

تھا یہ شِہر، شِہرِ خوباں ، تو سبھی شہر یار

آئے

اب یہ شہر جل رہا ہے، خدا ہی اسے بچائے

جو خدا کرم کرے تو، ہو عشق کی یوں بارش

رحمت خدا سے ، سارا شہر بھیگ جائے

ہاں رحمت خدا کو تجھے خود بلانا ہو گا
اخلاص عمل و نیت، تیرے شہر کو بچائے

تیرے بعد

مانا میرے حضور، وہ رفاقت نہیں رہی
بس ہو کر تُم سے دُور ، راحت نہیں رہی

زندہ بھی ہیں، مگن بھی ہیں جہان میں
بس زندگی کی پہلے سی چاہت نہیں رہی

تو تھا، تو میں کھڑا تھا تیرے حصار میں
تو جو نہیں تو کوئ حفاظت نہیں رہی

بیتا ہے اِک زمانہ تیرے فِراق میں
اب بھی تیرے فِراق کی عادت نہیں ہوئی

آنے میں کس قدر ہمیں دیر ہو گئی
اُسے خیرباد کہنے کی اجازت نہیں ملی

شاید اسی لیئے ہے طبیعت میں اضطراب
رُخصت کے وقت حسیب تُجھے مُہلت نہیں ملی

ہجر جاناں

غم دوراں سے نِکل کر جو میں گھر آتا ہوں

ہجر جاناں کے تھپیڑوں سے بِکھر جاتا ہوں

شِدت رنج جب حد سے گُزر جاتی ہے

میں تیری یاد کی آغوش میں آ جاتا ہوں

دِل تیری یاد کی راہوں پہ نِکل جاتا ہے

میں تیری دید کو، ساتھ چلا آتا ہوں

دل سے ہو کر، آنکھوں میں اُتر آتی ہیں

مُشک بو یادوں کی برسات میں گِھر جاتا ہوں

رُت یہ تھمتی ہی نہیں طلوع صحر ہونے تک

پھِر غم دوراں کے گِرداب میں گِھر جاتا ہوں

اِک تسلسُل ہے، جو تھمتا ہی نہیں ہے حسیب

راوی لِکھے گا یہ تھمنے پہ، کہ مر جاتا ہوں

مہکتی یادیں

تمھاری یاد کی خوشبو اب بھی آتی ہے
دل کے زخموں کو سیراب کرتی جاتی ہے

بلا کا شور ہے اور غذب کی خاموشی
غموں کی قوس قزح کیا روشنی پھیلاتی ہے

یہ دل کے دریچوں سے جھانکتی آنکھیں
تمھاری یاد کی تاروں کو چھیڑ جاتی ہے

منع ہے ہم کو مگر ایسی موسیقی
چٹان دل کو جو گداذ کرتی جاتی ہے

حسیب اب یہ کہانی کسے سناو گے
سفر میں شام ہوئی ،رات ڈھلتی جاتی ہے

محفل (قطعہ)

سِتاروں کے بیچ بیٹھا ہوں
ماہپاروں کے بیچ بیٹھا ہوں
کمال اتنا ہے میرا حسیب
ایسے پیاروں کے بیچ بیٹھا ہوں

میرا یار

وہ نورِ صبح کی گویا ہو تازگی جیسا
اندھیری رات میں وہی تو چاندنی جیسا

جو اس کی ہو طبعیت شاد تو یارو
گل گلاب کی کھلتی ہوئی کلی جیسا

ناشاد ہو جو طبعیت دُشمناں یارو
جمالِ شعلِہ ماہتاب، وہ حسیں ایسا

سبھی موسموں کا ساتھی حسیب
وہ میرا یار، میری وجہ زندگی ایسا

پہلی بہار

محبتوں کی وہ پہلی بہار یاد آی

ہم سفری سے پہلے کی شناسائ

سفر سے پہلے مہکتا ہوا دیباچا

نظر سے دور دلوں کی وہ بڑھتی رانائ

وہ خط وہ پھول محبتوں کے وہ پروانے

دلوں کے بیچ مہکتی ہوئی شناسائ

آغازِ سفر بھی مجھ کو ہے اب بھی یاد زرا

حسیِن ساتھ نے راہ تھی جو مہکائ

اور پھِر بدلنے لگا یکایک کیوں وہ نظارا
حسیں سفر پہ کیسے غموں کی اوس تھی چھائ

سفر کٹھن سے کٹھن جو ہوتا جاتا تھا
حسین شفق پر غموں کی اک گھٹا چھائ

غموں کے بیچ ہی کھلنے لگے تھے پھول بھی جب
اُداس شام میں مہک گُل کیسی غموں کے ہمراہ آئ

وہ بوۓ گُل نے تھا کیسا غموں کو چاق کیا
اُسی بھار کو گویا ملی اک نیئ رانائ

سفر طویل ہے اور قدم بھی بوجھل حسیب
اُسی بھار کی اب بھی ہے سنگ پُھلواری

خواہش

خواہش نہیں ہمیں ، سب ہم کو مان جائیں
ہم کو تو یہ پڑی ہے، ہم خود کو جان پائیں

بے ربط زندگی جو لگتی ہے دیکھنے میں
مقصد تلاش کر کے، راز نہاں کو پائیں

دُنیا کی دِلکشی نے ہے گھیر ہم کو رکھا
دُنیا سے ہو کے اوجھل، ہو ہمکلام جائیں

حرص و حوص کی وہشت گھیرے ہمیں ہوی ہے
وہشت پے قابو پا کر رب سے کلام کر لیں

برسوں سے کر رہے ہیں جو نفس کی غُلامی

یارب مدد پُکاریں، لا سے نفس کو ماریں

خواہِش حسیب لیکِن، کافی نہیں یہ سمجھو

صبر و عمل مُسلسل منزِل کی راہ پہ ڈالیں

وصل جاناں (قطعہ)

وہ جو پسماندگانِ ہجر جاناں ہے
اُس سے کیا پوچھتے ہو کیا بہاراں ہے

ہجر میں موسم ہر اِک خزاں جیسا
وصل یار میں سب موسمِ بہاراں ہے

جہانِ فانی کے معنی، ہے فراقِ یار قلیل
قنا سے آگے جو ہے، بس وصل جاناں ہے

ایکس پیٹس کا درد

اپنی سوہنی دھرتی سے اِتنا دور رہنے کا
وہاں کے رہنے والوں کا ارزاں خون ہونے کا

گُل و گُلزار سی بستی، جِسے لاہور کہتے ہیں
وہاں کی ٹھنڈی شاموں سے اِتنا دور ہونے کا

جو سڑکیں ہم نے ناپی تھیں،جہاں پے دوست رہتے تھے
اِنہی گلیوں اور چوباروں سے اِتنا دور رہنے کا

حسیب وہ تم سے کہتے ہیں، یہ درد کیسا ہے
یہ کہدو تُم، سبھی پیاروں سے اِتنا دور رہنے کا

آنسُو نِکل پڑے

ہوا جو ذکر یار تو آنسو نکل پڑے
یادوں کا ایسا وار کہ آنسو نکل پڑے

دل میں تمھاری یاد کی شمع یوں جلی
درد فراقِ یار میں آنسو نکل پڑے

فکر معاش میں ، میں دوڑتا رہا
ٹھہرا براءِ نام تو آنسو نکل پڑے

یاروں کے روپ میں مجھے بہروپیے ملے
ٹوٹا جو اعتبار تو آنسو نکل پڑے

درد حیات نے تجھے پتھر کیا حسیب

لیکن یہ اور بات، کہ آنسو نکل پڑے

کیسی یہ جھڑی ہے

کیسی یہ جھڑی ہے
تھمتی ہی نہیں ہے

ہر اک یاد ہوں چنتا
بکھری جو پڑی ہے

عجلت کیوں ہے اتنی
جلدی کیا پڑی ہے

قبروں کی قطاریں ہیں
ہر ایک بھری ہے

ملک الموت سے کہتا ہوں
تجھے جلدی کیا پڑی ہے

کہتا ہے وہ مجھ سے
تجھے معلوم نہیں ہے؟

مرضی جو ہو حق کی
کبھی بھی نہ ٹلی ہے

مدہوش ہو دنیا میں
خبر تم کو نہیں ہے

حسیب ہوش کرو اب تو
موت آن کھڑی ہے

لذت فراق

تمھاری چاہ کا دریا جو میں نے پار کیا
تیرے فِراق کے صحرا کا احتمال کیا

تیرے فراق کے موتی کی ایسی لذت تھی
تیرے وصال کے موسم سے اجتناب کیا

تُجھے یہ زیب نہیں ، مُجھ کو بے وفا کہنا
تیری وفا سے مگر، میں نے اجتناب کیا

صبح کی تازہ ہوا پیغام لے کر آئ ہے
شبِ ہجر میں جلانا وہی پرانا د یا

باد سموم بھی جس کو بجھا نہ سکی
حسیب، تم تو جلانا وہی سہانا دیا

عجیب رات

عجیب رات ہے، سحر کو ہی آنے دیتی نہیں
یہ تیری یاد ہے، جو آنسو تھمانے دیتی نہیں

میں کس کو جا کے کروں تاریک آندھیوں کی خبر
شمع جلاوں مگر روشنی دکھائی دیتی نہیں

ابھی تو سانس کی ڈوری زرہ سی باقی ہے
یہ اور بات کہ جینے کی آرزو ہی نہیں

ہماری راکھ صحراؤں کی خاک آج بنی
چتائے نفس تو برسوں سے جل رہی تھی کہیں

تاریکیوں میں جو شمع ڈھونڈتے ہو حسیب

وہ روشنی میں بھی تم کو دکھائی دیتی نہیں

نین جھروکے

تیرے نین جھروکے میں جب پیار اُتر آئے
میرے دِل کے خرابوں میں اِک پھول نِکھر آئے

تیرے پیار کی خوشبو سے مہک اٹھے میری ہستی
دل اپنا یہی چاہے یہ وقت ٹھہر جائے

پر وقت ہمارے کب کہنے میں کبھی آیا
کروں لاکھ سماجت میں، لمحہ میں گزر جائے

شبِ ہجر مجھے لیکن ناشاد نہ کر پائی
وہ پیار بھرا لمحہ نظروں میں سما جائے

اور اُس پر سہاگا تو، اِس سوچ کا پھیرا ہے
ہاں دِل میں جو رہتا ہو، کب دُور کہیں جائے

حسیب ہجر کے لمحوں کی لو ختم ہوئی گِنتی
لو دِل کے خرابوں میں پھر پھول نِکھر آئے

یادوں کا حصار

تمام شب، تیری یادوں کے حصار میں تھا
طلوع صبح پے ٹوٹا، میں جِس خُمار میں تھا

کِسی بھی رُت میں ملے بادہِ خیالِ دوست
مُجھے گُماں ہو یہی، موسِم بہار میں تھا

تُمھاری آنکھ کا تارا بنوں، دل میں رہوں
یہ کب ہوا، کہ یہ میرے اختیار میں تھا

مانا بِچھڑتے وقت بھی، چشم تر نہ تھی
دل پھر بھی مضمحل، فرق یار میں تھا

دل میں سنبھال رکھی ہے راحتِ وصل یار
جب وصل یار تھا، دل کِس گُماں میں تھا

اب تک سمجھ نہ پائے یہ بات تُم حسیب
جو کُچھ بھی تھا تُمھارا، اُسی حصار میں تھا

جُنید جمشید کی یاد میں

دل دل تھا جو پاکستانی، دیکھو چلا گیا
کیسی ہوی یہ نگہبانی دیکھو چلا گیا

پرانی سی وہ راہیں اس کی چاہ نہ تھیں
اک نیا راستہ دکھا کے پھر وہ چلا گیا

اس نے راہِ حق کو تھاما مضبوطی سے
عجز و حیا کا وہ پروانہ چلا گیا

ہوس و حوا کو جس نے چھوڑا اور حیران کیا
عشقِ رسولﷺ کا وہ دیوانہ دیکھو چلا گیا

خدا کا اس پے فضل تھا کیسا دیکھو یارو
بدل کے اپنے دِل کی دُنیا پھر وہ چلا گیا

نُمناک آنکھیں لیے کیوں پھرتے ہو حسیب
دِل کا ہوا خالی اِک خانہ جب وہ چلا گیا

مشعل بُجھ گئی

کیوں مشعل جاں ناحق بجھا دی تُم نے
حضور پاکﷺ کی سنت ہی بُھلا دی تُم نے

فریب کھا گئے تُم، یا فریب دیتے ہو
مشعل عِلم کی لو کیوں کر دبا دی تُم نے

وطن کی مائیں سب تُم کو دُہائ دیتی ہیں
یہ کِس کے نام پہ کیا آگ کما لی تُم نے

خدا کرے، تُم عِبرت نِشان بن جاؤ
کبھی نہ ہو جو درندگی وہ دِکھادی تُم نے

حبیب آپﷺ کی رحمت کا نُور ہو ہر سو

یہ نفرتوں کی کھیتی بہت کما لی تُم نے

نعیم رشید

نعیم رشید تیری دلیرانہ جُرات کو سلام
ہوے شہید ہو تُم، تیری نُصرت کو سلام

علمبردار جاں نثاران جہاں تُم ہی تو ہو نعیم
علی و حمزہ و صدیق کی نسبت کو سلام

ہوئے تُم سینہ سُپر، سیاہ آندھیوں سے ایسے
شمعِ نور بنے تُم، فرشتے بھیجیں تُم پہ سلام

ہاے اُس پیکر نفرت کا ظلم ڈھائے جانا
سد سلام ، تیری بےلوث محبت کو سلام

اصل شاعری

شعر کہنا تو بڑی بات نہیں
حرف و الفاظ سے بنی ہے لڑی
ہاں مگر یہ نہیں اصل شاعری
جس میں پڑتے ہیں اجزا خاص کئی
چاہیے اس کو جِیں حساس بڑی
غم و فِراق میں ڈوبا دلِ ہزیں
اثر حاضر سے بھی ہو دور نہیں
اثر اسلاف کی بھی مِلے چاشنی
عشقِ من و تو سے بات چلی
عشقِ یزداں تک جا پہنچی
یعنی، خیال اؤ سے بات چلی
اور وصال اؤ تک جا پہنچی
نوائے سروش کے مضمیں
لِکھے جانا حرف با حرفی

یہی حسیب ہے اصل شاعری

یہی حسیب ہے اصل شاعری

کتاب (قطعہ)

دِل کی کِتاب میں ایسا کمال لِکھا ہے
مُبہم سیاہی سے دِل کا حال لِکھا ہے

دِل کھُلی کِتاب ہے ، تیرے سامنے پڑی
نِگاہِ عشق سے پڑھ، تیرا جمال لِکھا ہے

اور اِک صفحہ پر، عشق کی سیاہی سے
وصلِ یار ہو جائے، یہی بار بار لِکھا ہے

غزل

عمر ہے لگتی, اشعار غزل ہونے تک
دیا جلتا ہو سرے شام سحر ہونے تک

چھوٹی بھروں میں بات بڑی کہتے ہو
جِس کو لگتے ہیں, مہ و سال اثر ہونے تک

تمہی کہو کہ مُحبت ہے کِس سزا کا نام
جنوں نوردی, ہزیں گرِفتہ, آشُفتہ سر, انجام ہونے تک؟

ہاں میری جان نہ راہیں اُداس کیوں کر ہوں؟
خلِش رہے گی یہ قصہ تمام ہونے تک

خلِش بھی ایسی احاطہ جاں کیے ہر دم
وہ چند لمحے مگر مے لب جام ہونے تک

یہ مے بھی وہ ، جو محفوظ ہے ازل سے کہیں
اثر جو کرتی ہے، تُجھ سے کلام ہونے تک

یہ زہرے زیست، دل سے اُتر گیئ ہے حسیب
رگوں میں جان رہے، حق بر زبان رہنے تک

شعر ہو جائے

جو زُلفِ یار کو دیکھوں تو شعر ہو جائے
رُخُ بہار کو دیکھوں، تو شعر ہو جائے

قاف کی سی اُن آنکھوں کی کیا بات کریں
بس سُوے یار ہی دیکھوں تو شعر ہو جائے

کبھی سحر کے اجالے سی تازگی دیکھوں
حسین شام جو دیکھوں تو شعر ہو جائے

وہ ہم نفس کے جیسے ہو مِہکتا گُلاب
جب اُس کو پیار سے دیکھوں تو شعر ہو جائے

غزل بنے جب اُس کو دِل میں یاد کروں

جو دیکھ لوں تو مقطع وہ شعر ہو جائے

حسیب تُجھ کو زمانے کے غم سے کیا مطلب

بس اپنے یار کو دیکھوں تو شعر ہو جائے

رقیبِ رو سیاہ

رقیبِ رو سیاہ نے حالت خراب کی
جب گُل نے بھی کلام کیا اُس کی بات کی

میں نے کہا حضور ماضی کی ہو گی بات
گُل نے کہا نہیں یہ تو کل کی بات تھی

تب مُجھ پہ یہ کھلا کہ کہانی تھی یہ اُلٹ
میں رقیب تھا اور وہ محبت تھی آپ کی

مطلب رقیب کا سمجھے نہیں حضور
مقصد رقیب کا تو حِفاظت ہے آپ کی

اب سوچتا ہوں تو دِل سکوں میں ہے
گر آپ پریشان ہیں ، قسمت ہے آپ کی

یہ قصہ لطیف، ہے کب کا یہ حسیب
بچپن کا ہے یہ وقت یا لڑکپن کی بات تھی؟

نیا سال

پردہ شب کچھ یوں چاک ہوا ہے
ایک اور سال قُشتہ خاک ہوا ہے

زمانے نے دکھلائے کئی رنگ مگر
یہ سال تو زیادہ ہی نم ناک ہوا ہے

ہم نے سوچا تھا بنے گی بِگڑی اس بار
پر یہ کیا کہ دل اور غم ناک ہوا ہے

خوں ریز، غم ناک ، تاریکی میں ڈوبا
دلِ شاد نشتر سے کیا چاک ہوا ہے

آج نیا دِن ، ماہ و سال نیا ہے حسیب
پھِر تُم نے امیدوں کا دیا تھاما ہوا ہے؟

کیا ہے

جو میری آنکھ سے ٹپکے ہے لہُو، تو عجب کیا ہے
شبِ فِراق ہے ، ملال جاں، نہ غم تو، یہ غضب کیا ہے

صبح ہجر میں ، یاد آئ تھی شبِ وصل بہت
وہ تیرگی تھی تو اندھیروں کا اب سبب کیا ہے

یہ مانا میں نے کہ جینے کا سلیقہ نہیں مُجھ کو
مگر یہ آپ سا جینا، بھی تو صاحب کیا ہے

مُجھے تلاش تھی اُس کی، وہ ڈھونڈتا تھا مُجھے
راہ ایک، سفر ایک، نہ مِلنے کا پھر سبب کیا ہے

غریب رہ گیا کیوں میں قارونِ کارواں کی طرح
اے فاقہ کش تو بتا تیری امیری کا سبب کیا ہے

حسیب تیری اُمّیدیں کیوں جان بر نہ ہوئیں
تُم اہل لہد ہو، پوچھنے کا پھر سبب کیا ہے

سُن زراہ

اے شہر یار شہر دل، سُن زراہ
اے رازدان اہل دل، سُن زراہ

بلاتا ہوں تُجھے میں یوں ہی تو روز شب نہیں
ترستا دید کو تیری ہے یہ دل سُن زراہ

تُجھے تو خبر ہی نہ ہوئی اُس عذر کی
جلا ہے کیوں یہ شہر دِل، سُن زراہ

پھر خوں گِرا، لاشیں گِریں، مقتل بنا
پتھر ہوے کیوں، سب اہلِ دِل، سُن زراہ

آتی تھی جِس مکتب سے محبت کی اذاں
سُنتے ہیں کیوں اِک نعرہ مشتعل سُن زراہ

گُل تھے گُلِستاں میں مہکتے، محبت کی طرح
زہر جُنوں سے بھر گیا کیوں آب و گِل سُن زراہ

جنون جھل سے جلتی رہی بستی حسیب
بس آبِ علمِ عشق جاۓ جو مِل, سُن زراہ

میری داستاں

میری داستاں، تیری داستاں
میرا غمکدہ ، تیرا گُلستاں

میری چشم نم رہے تر سدا
تیری چشم نور میں، مہو جہاں

میری داستاں کوئ اور ہے
کوئ اور ہے تیری داستاں

میرے ہم نفس زرا یہ بتا
کیا تُجھے ملی ہے کبھی اماں

اُس درد سے ، اُس زخم سے
جو بنے ہے زہر قاتل جاں

اُس شعلہ تیر نگاہ سے
وہ نظر جو، ہو گئی بدگُماں

ملے ہمسفر جو بچھڑ گئے
وہ دوست جو ہوے آں جہاں

اور وہ بھی تو ہیں ، ہم نفس
ہاں مگر ہیں وہ تو وبال جاں

وہ جو تیر کھا کے نظر میں ہیں
جن سے دوستی کا، تھا ہوا گُماں

80

حسیب ، درد سب کا نصیب ہے
ہو میری داستاں ،یا تیری داستاں

غموں کی راکھ

غموں کے بیچ شب و روز تُم جو رہتے ہو
دلوں کے درد کو سمجھے بنا ہی سہتے ہو

نہیں نہیں، اندھیروں سے ڈر نہیں لگتا
ہمیں ڈراتی ہے دیے کی وہ ٹمٹماتی لو

یہ لو وہ شعلہ ہے ، جو دلوں کو راکھ کرے
سُلگتا درد ہے، ایسی غموں کی راکھ ہے جو

کیوں ایسی راکھ کی اینٹوں سے گھر بنا ڈالا
اُمیدِ صبح کی آہٹ کو بھی نہ سہہ پائے جو

ابھی سحر کا اُجالا ہوا نہیں ہے حسیب

غموں کے دیپ ابھی سے کیوں بُجھاتے ہو

موسم غم

یہ غم کا موسم، جاناں، میرے نصیب میں ہے
سموم تیزتر، اور بُجھتا دیا قریب میں ہے

دیا بُجھا ہے ابھی، پر اُس سے پھوٹتی کِرنیں
یہ لگ رہا ہے، نمُود سحر قریب میں ہے

بدلتی رُت نے جو بہاروں کو خیرباد کہا
کُچھ اور کوس خزائیں میرے نصیب میں ہیں

شفیق چہرا ایسا نظر میں ٹھہر گیا
بہت حسین سا تحفہ میرے رفیق یہ ہے

اب اُس کو ڈھونڈتی پِھرتی ہیں میری آنکھیں
وہ اب نہیں ہے، تصور بڑا عجیب یہ ہے

اُٹھا وہ بزم سے، محفُل اُجڑ گیئ ہے حسیب
ہمیں خبر نہ ہوی محفِل اُسی رفیق سے ہے

موت کی راہداریاں (قطعہ)

صفیں آگے کی خالی ہو جانے لگی ہیں
راہداریاں موت ہی کی نظر آنے لگی ہیں

دل کا شیشہ کُچھ دھُندلا سا گیا ہے
جاں کی گِرھیں یوں کھُل جانے لگی ہیں

رونقِ جہاں دل کو بھاتی نہیں ہے اب
انجام کی فِکر جو اب کھانے لگیں ہیں

حلقۂ یاراں میں بھی ،اجنبی سا ہوں
تاریکیاں لہد کی اب ڈرانے لگیں ہیں

دل یہ چاہے

تو وہ جسے کوئی نہ دیکھ پائے
دِلوں میں کیسے ہے تو سمائے
اور نہ لمس تیرا ، سدا نہ آئے
یہ کیا کہ دھڑکنوں میں تو سمائے
عقل ہے حیراں ، نہ مہک ہی آئے
تُجھے کوئی کیسے پھِر جان پائے
تُجھے میں دیکھوں، دِل یہ چاہے
سواروں تُجھ کو ، یہ جی میں آئے
مہک تیری صبا لے کے آئے
تُو ازل کے قصے مُجھے سُنائے
اور ابد کے الحام مُجھے بتائے
حسیب میرا دل تو یہ چاہے
کہ رب کو اپنا صنم بنائے

چراغِ مَنزِل

اندھیری رات میں دیا جلا رہا ہے کوئی
شبِ فِراق میں آنسُو بہا رہا ہے کوئی

یہ کیسی یاد ہے ، دِل پاش پاش کر جائے
کہ جیسے شاخ پر کانٹے اُگا رہا ہو کوئی

بِچھڑتے وقت کے لمحے بُھلا نہیں پاتا
وہ میرے جِسم سے جاں کو چُرا رہا ہو کوئی

مُجھے ملال نہیں، تو نے اپنی راہ کیوں لی
مگر وہ علم، جو مُجھ کو سِکھا رہا تھا کوئ

حسیب آج بھی خوابوں میں ڈھُونڈتا ہوں اُسے

چراغ بَن کر جو مَنزِل دِکھا رہا تھا کوئ

تلاش

مُجھے تلاش تھی اُس کی، وہ ڈھونڈتا تھا مُجھے
مُجھے پیار تھا اُس سے، اور وہ خایف مُجھ سے

سو کھا کے تیر بھی اُس سے بڑا سکُون مِلا
وہ جِس سے پیار تھا مُجھ کو، مِل گیا جو مُجھے

تھکن سے چُور ، سربلند، مُسکراتاُ چہرا
حسین ایسا کوئ چہرا کبھی لگا نہ مُجھے

لہُو سے بھیگا زخم، مُجھ کو بہت عزیز حسیب
یہ پہلا تحفہ تھا ، اُس سے جو مِلا تھا مُجھے

میرے خُدا، میں اُس کو معاف کیوں کر کروں

کوئ بھی دُکھ کبھی پہنچا نہیں ہے اُس سے مُجھے

آخری خواہش

نزع کی رات سے پہلے ، تیرا ﷺ دربار آ جائے
ملکُ الموت سے پہلے درے سرکار ﷺ آ جائے

قبر کی کوٹھری کالی میں جب پہنچُوں
گدا ہے یہ میرا ، سرکار ﷺ کا ارشاد آجائے

ابھی تو رقص بِسمِل کی طرح اپنا جینا ہے
مدینے کی گلیاں ہوں، دِل مُضطر کو قرار آجائے

جو مکہ میں جا پہنچوں، آقا ﷺ تیری سنت پر
ہو کرم رب کا، بوسہ اسود کا مقام آ جائے

جھُکی نظریں، نم آنکھیں، دُعایں گِڑگڑاتی ہیں
شاہِ یثرب ﷺ سے آنے کا، حسیب فرمان آ جائے

اِلتجایں

حضور پاک ﷺ سے اِلتجایں کرتا ہوں
بُلا بھی لیں مجھے آقا ﷺ ، دعائیں کرتا ہوں

رحم و عشق کے زم زم تھے جِس نے جاری کیے
اُسی کے رب سے میں ہر دم دُعایں کرتا ہوں

وہ سبز گُنبد کہ آنکھوں میں جِس کی ٹھنڈک ہے
اُسی کی چھاؤں مِلے، میں اِلتجایں کرتا ہوں

میں جِس کی حمد پڑھوں ، ثنا وہ اُس کی کرے
مُجھے بھی فرض ہے ، سو اُس کی ثنا پڑھتا ہوں

حُضور پاک ﷺ کا بُلاوا اب تو آ جائے حسیب

تڑپتے دِل سے میں ہر دم دُعائیں کرتا ہوں

حُضور پاک ﷺ کا بُلاوا اب تو آ جائے حسیب

سفر(حج)

زاد سفر باندھ لیا، بس اب چلے ہم
یارو خطا معاف کرو، لو چلے ہم

دِل کی کیا کہوں اب، بُلاوا آن پہنچا ہے
اضطراب دِل سنبھال کے، سوے بطحا چلے ہم

دربار شہِ بطحاﷺ سے بادِ صبا آنے لگی ہے
روحِ مُضطرِب صبر زرا، پل بھر میں چلے ہم

ہزار سجدے جبیں میں تڑپنے ہیں لگے
رُکے نہ اب یہ سفینہ، دُعایں کریں ہم

درے سرکار پہنچے تو یوں اکرام برسے
کالی کملی والے کے جو مہمان ہوے ہم

روضائے رسولﷺ کی مہک اُتری روح تلک
جنت کی زمیں پر یوں چلنے لگے ہم

رسولِ پاک ﷺ کی سُنت، حُکم رب کا بجا لانے
کفن باندھے جو سُوے کعبہ چلے ہم

پَروانہ وار نورِ کعبہ کے چکر لگانا
مقامِ اِبراہیم پہ سجدہ، زم زم پییں ہم

حاجرہ بی بی کی سُنت نِبھانے کو
صفاُ مروہ شعائراللہ کی سعی کریں ہم

مِنٰی کی وادی میں صبحُ شام یارو
دُرود آقا کا، ثنا اللہ کی کریں ہم

گُناہ کے کوہ گراں بخشوانے کے لیے
عرافا میں دعاوں کے موتی جھڑیں ہم

سُنتِ شاہِ طِیبہ و براھیم دُوبرانے کے لیے
اُنھی مقام پر ابلیس سنگسار کریں ہم

یہ پُر نور ساعتیں آہ تھمنے کو ہیں حسیب
دلِ حزیں، مُقامِ صبر، آہ، گھر کو چلے ہم

کیا عزیز ہے

یہ غم یہ یاس یہ آنسُو عزیز ہیں ہم کو
یہ معاملات من و تو عزیز ہیں ہم کو

ہمیں خبر نہ ہوی، اور سفر تمام ہوا
سفر نہیں ، وہ آشُفتہ سر عزیز ہے ہم کو

حضور دوست یہ آنسُو بہت مُقدم ہیں
یہ موتی لال و گوہر سے عزیر ہیں ہم کو

جہاں نے لاکھ کہا ہم کو، ہم نہیں مانے
جہاں نہیں، بس اِک جاں عزیز ہے ہم کو

وہ جاں جو اپنی جاں سے بھی بہت پیاری ہے
حسیب جان کیا پائے ہیں ،کیا عزیز ہے ہم کو؟

پیاسی دھرتی

اپنے لہو سے پیاسی دھرتی کی کب تک پیاس بُجھاو گے
دینِ عطاعت کے شُعلوں سے کب تک گھر اپنے جلاؤ گے

فہم و فراست کی دولت کو کیوں تُم نے زنگال کیا
وہم و تعصُب کی کالک کو کب تک منہ پر لگاؤ گے

مانا کہ اسلاف تُمھارے، مشعلِ راہ بن نہ سکے
آنے والی نسلوں کو، کیا تُم بھی راہ نہ دِکھلاؤ گے؟

ماضی کے تاریک نگر میں تُم، ڈرتے، چھُپتے پھرتے ہو
حال کا سُورج ، سوا نیزے پر ہے، کیا اب بھی نہ باہر آؤ گے

مُستقبِل کے دروازے پر ننے مُنے ہاتھوں کی دستک
یہ ہاتھ تُمھارا مُستقبِل ہیں، کیا اِن کو راہ دِکھلاو گے؟

حسیب تُم سی مایوس نسل کا سایا اِتنا گِہرا ہے
سب راہیں تاریک پڑی ہیں، بھاگ کے اب کہاں جاؤ گے؟

موسم غم کا

یہ غم کا موسم، گر سمجھو تو اِک خزینہ ہے
مے حیاتِ ہے منزل کو جاتا زینہ ہے

بجھے دیے کی ہی کِرنوں کو تھام لو گر تُم
تو جان پاوگے، جینے کا جو قرینہ ہے

وہ صبر و شُکر، اور وہ راضی با رضاءِالہ
وہ ظبطِ زندگی، اپنوں کے لیے جینا ہے

نہیں نہیں، فقط دامن کو آبدار نہ کر
سنبھال اِن کو، ہر اِک ایک تو نگینہ ہے

غم، خزانے کی کُنجی، یاد رکھو حسیب
متاعِ جاں یہی ہے، جینے کا یہی قرینہ ہے

مے خانہ

مُدت ہوئ مے خانے سے نِکالا نہیں گیا ہوں
سوچیں ہوئیں مُقفل، یا پھِر میں مر گیا ہوں

یہ بھی نہیں کہ ساقی، ہے مہربان مُجھ پہ
شاید کِسی وجہ سے میں خُود ہی ڈر گیا ہوں

یا پھر مُجھے ہوا ہے کوئ دل کا عارضہ ہی
دِل کے دریچے بند ہیں ، پر سانس لے رہا ہوں

سوچوں میں اب بھی شوخی، زباں مگر مُقفل
ہے عُمر کا تقاضا ، بوڑھا کیا ہو گیا ہوں ؟

فُرصت مِلے تُمہیں تو ، ہم کو تلاش کرنا

راہوں میں مُنتظر ہوں، یا خاک ہو گیا ہوں

حسیب اُس سے کیا گِلا ہو، جو جانتا نہیں ہے

جو جانتا ہے مُجھ کو، میں اُس کو ڈھونڈتا ہوں

چلا گیا

اِک شخص آبلا پا مُجھے راہ دِکھا کے چلا گیا
اِک چہرا بھلا سا سب کُچھ جلا کے چلا گیا

میں سوچتا ہی رہا مگر لب کُشا نہ ہوا
وہ دل کو روندتا، دیے کو بُجھا کے چلا گیا

ملال، میں تیری راہ کے کانٹے نہ چُن سکا
تو آبلا پا جو مُجھے پار لگا کے چلا گیا

کیوں رہ گیا میں تنہا، اس کا رونا ہے حسیب
یہ غم نہیں ہے مُجھے کہ، وہ کیوں چلا گیا

حضور پاک ﷺ کا ذکر

حضور پاک ﷺ کا ذکر جب میں کرتا ہوں
میں اپنی قسمت پے رشک کرتا ہوں

دل کی قسمت، اور زباں کا نصیب
چشمُ نم ہو نے پہ رشک کرتا ہوں

درِ رسول ﷺ کی خاک کی خاک کی خاک
یوں خاک ہو جانے پہ رشک کرتا ہوں

میرے خُدا تیرے حبیب ﷺ کی حُب ہے
اِس مُحبت برزباں ہونے پہ رشک کرتا ہوں

حضور پاک ﷺ کی نِسبت ہے حسیب

وتین ہو جانے پہ رشک کرتا ہوں

تنہائی

سراب سے دِن، اور پُر حزیں راتیں
سُنتے رہنا ، وہ خُود سے کیں باتیں

دیکھتے رہنا اُس کے جانے کے نِشاں
سوچتے رہنا سب ،آن کہی باتیں

اور یوں بھی گُداز ہونا دل کا
خونِ دِل سے بھری وہ برساتیں

تُجھ کو کیسے اب بتائیں گے
شبِ ہجراں، تُجھ سے کیں باتیں

زہر قاتل کی خُود ہی آرزو کرنا
اُس کی محفلِ سے کوچ کی باتیں

خِزاں کی آمد، اور وہ تنہائی
آنسوؤں کی زباں میں کیں باتیں

تیری تنہائیوں کا مرہم ہیں، حسیب
رب کا ذکر، حُضور ﷺ پاک کی باتیں

منزل

حضور دوست، منزل نہیں ابھی آئ
کُچھ اور کوس پہ مِٹنے کو ہے یہ تنہائی

ملال جاں نے دِل کو ہے پاش پاش کیا
جگر کو تھام کہ منزل ابھی نہیں آئ

تُمھاری چاہ میں گُلشن کو خیرباد کہا
تُمھی کہو کہ کیوں منزل ابھی نہیں آئ

عجب مقام، اندھیروں سے جو مُنور ہے
ہاں تیرگی ہی نے منزل کی راہ دِکھلائ

پہنچ جانے پہ منزِل کے، رنج ہوگا تُمہیں
اسی گُمان میں ہم نے کی تھی پسپائ

اب اور جینے کی تمنّہ نہیں ہے حسیب
کہاں ہے موت، کیوں منزِل ابھی نہیں آئ

فصیلوں کے اُس پار

زندگی کی فصیلیں

دراڑیں پڑی ہیں

دراڑوں سے دیکھو

موت جھانکتی ہے

قطاریں لگی ہیں

چند مانوس ہستیاں

دامن ہے چھُڑاتیں

موت کی ڈوریوں سے

کھِچتی چلی جاتیں

فصیلوں کے اُس پار

دراڑوں سے جاتیں

میری چشمِ حیراں

نہ یہ دیکھ پاتیں

سسکتی سسکتی

اور آنسُو بہاتیں

سکوں بس ہے اِتنا

ادھر کو بھی آتیں

موت کی ڈوریاں تو

مُجھے بھی بُلاتیں

عجب روشنی سی

دراڑوں سے آتیں

فصیلوں کے اُس پار

کھڑی مُسکراتیں

مانوس ہستیاں کیا

مُجھے ہیں بُلاتیں؟

حشر

مُضطرب جو ہَوا ہونے کو ہے
لو شروع امتحاں ہونے کو ہے

مکینوں سے کہہ دو مکانوں سے نِکلیں
قیامت کا سماع ہونے کو ہے

نکل کر آستینوں سے بُت یہ بولے
ختم ہر ناخدا ہونے کو ہے

مگر یہ بندہِ خاکی تو دیکھو
نہ سمجھے واقعہ ہونے کو ہے

ہم نے دیکھیں کئی آیاتِ ربی

ایک اور رونماں ہونے کو ہے

انا کی آگ سے جو جل گیا تھا

بس اُس کا فیصلہ ہونے کو ہے

وہم کے راستے بھٹک جو گئے تھے

سو اُن کا معاملہ ہونے کو ہے

حسیب، رب جِن و بشر کی قسم

حشر اب بپا ہونے کو ہے

متاع رنج

متاع رنج کا اب ذکر کیا کروں جاناں
ٹپک رہا ہے میری آنکھ سے لہو جاناں

تمہے گِلا ہے کہ کیوں بات اب نہیں کرتے
نہ جانے کیسے، چُپ ہو گیا جُنوں جاناں

ہاں رات بھر تیری یادوں نے آبدار کیا
خبر نہیں کب صبح ہوئی طلوع جاناں

شب ہجر میں، یادوں کا حُسن کیا کہنے
کہ ماہ تاب بھی تکتا رہا یہیں جاناں

مگر یہ رنج کی راہیں کدھر کو لے آئیں
کہیں گِرے میرے آنسوُ، کہیں لہوُ جاناں

حسیب رنج بنا ہے عمر بھر کی متاع
تلخ ہی سہی، یہ ہی تو ہے نگیں جاناں

ڈاکٹر صاحب کے نام

ڈاکٹر صاحب ،تُم کمال کر جاتے ہو
دُشمنوں کا جینا جو مُحال کر جاتے ہو

اور لڑتے لڑتے تُم جو چوٹ کھاتے ہو
محبتوں کو چُننے کو تُم تو روٹھ جاتے ہو

اپنے چاہنے والوں کو جو خیر باد کہتے ہو
جسم و جاں بچانے کو ملک چھوڑ جاتے ہو

جنگ ہے ابھی جاری ، ظلم بھی نہیں ہے رُکا
اس زمیں کی مٹی کو، اب بھی یاد آتے ہو

روشنی کا سفر

روشنی کے سفر پہ نِکلے تھے
جب اپنے گھر سے نِکلے تھے

یوں اپنی لو ملی اُس شمع سے
رنگ قوس قضا کے بِکھرے تھے

تھی رنگوں کی روشنی کی چکاچوند
جب اُس ہمنوا سے بِچھڑے تھے

پلٹ کے دیکھا، تھی تیرگی ہر سو
نصیب, کُچھ اس طرح سے بِگڑے تھے

حضور دوست ہم کو زرا سہارا دو
خبر نہیں کِس بھنور سے نِکلے تھے

جو ہاتھ تھاما تو خوں ٹپکنے لگا
دل کے پار یہ تیر، کِدھر سے نِکلے تھے

اپنی جاں گوانے کا غم نہیں ہے حسیب
وہیں جا پہنچے ہم جِدھر سے نِکلے تھے

رہزن

رہبر سمجھتے تھے جِسے رہزن ہمارا نِکلا
یوں میرے اہلِ وطن تیرے نام خسارہ نِکلا

وہ جو اربوں تُجھ پہ نِچھاور کرتا جاتا تھا
تِجوری اُس کی بھری، اور خون تُمھارا نِکلا

کرپشن اُس کی تِجوری میں دولت کا اقاما
ٹھہری
اور مُلک تیرا تو بس قرضوں کا ہی مارا نِکلا

وقت آ پہنچا کہ مقافاتِ عمل ہو جائے
کیسا بُزدِل و کم ظرف وہ رہزنِ اعلیٰ نِکلا

عارضہ قلتِ تعیُش کا ہے اُس کو حسیب
ہائے نِکلا بھی تو خُودغرضی کا مارا نِکلا

جاں نِثارانِ وفا

ظُلم ڈھانے والے نہ جانیں کیا تُم ہو
وہ نہ جانیں کہ، جاں نِثارانِ وفا تُم ہو

مایئں بیٹیاں بیٹے جوان اور بُوڑھے سب
سیف اللہ عہد ٹھہرا وہ قافلہ تُم ہو

جِن کے لہو سے گُلِستاں سیراب ہوا ہے
چمن کی رونق ہو، گُلوں کا مہکنا تُم ہو

ظُلم کی تیز ہوائں جِسے بُجھا نہ سکیں
سِتم کی رات میں راہ دِکھاتا ہوا دیا تُم ہو

وہ سلاطین امت جو تُم سے غافل ہیں

میرے خُدا ہوں وہ غارت ، سُرخرو تُم ہو

ہے درد دل، مگر عمل سے خالی ہو حسیب

قلم کی تیغ اُٹھا لو جو مُسلماں تُم ہو

غدار

بہت مکار ہوتے ہیں مگر بیکار ہوتے ہیں
جو ماں جیسی زمیں کے ہی غدار ہوتے ہیں

تُم ان کی بد فعالی سے ہوشیار ہی رہنا
حُسینی نام رکھ کر یہ یزید و کار ہوتے ہیں

ظرب اُس پر لگاتے ہیں، اِن کو پالتی تھی جو
حقانی نام والے ہو کر یہ، ناہنجار ہوتے ہیں

ظُلم کرتے ہیں اپنوں پر فقط اغیار کی شہ پر
یہ ناداں ایسے، اپنے آپ پر ہی وار کرتے ہیں

کیا توبہ کرنے کی مہلت مِلے گی اب اِن کو
یا مہر اب لگ چُکی، جو یوں بد کُردار ہوتے ہیں

حسیب کیا حال ہو گا، اب اِن بد نصیبوں کا
بہت کیا سٹپٹا یں گے؟ جو عیب و کار ہوتے ہیں

تُمہاری یاد

ہم نے تُمہاری یاد میں دل کو گنوا دیا
تُم نے ہمارا ذکر ہی دل سے مِٹا دیا

جو تیری آرزو میں ہم نے بِتائے دن
اُن کی تلاش ہی میں خُود کو بھُلا دیا

اِک بہرِ بے کراں، کہتے ہیں جِس کو وقت
خونِ جگر تھا جِتنا، اسی میں بہا دیا

تیری تلاش تھی یا اپنی تھی تلاش
تیرے فِراق نے یہ فرق مِٹا دیا

میرے جنوں نے دیکھو منظر کیا کھینچ ڈالا

اپنی ہی ذات سے خُود کو مِٹا دیا

بیشک تُم بھُول جاؤ ہم کو بھی اب حسیب

اُس کا ذکر جو تُم نے دل سے مِٹا دیا

شمع بُجھ گئی

اک اور شمع بُجھی، اور سایا سمٹ گیا
بستی ہماری سے شفیق بادل ہی چھٹ گیا

اِک مُسکراتا چہرا تاریکیاں تھا مِٹاتا ہوا
ازل کو کوُچ کیا ایسا کہ، دیا ہی اُٹ گیا

رحمتیں اُس پہ کریں اے میرے خدا
وہ ایک شخص، محبتیں لُٹا کے گُزر گیا

میں جانتا ہوں ہر رستا وہیں کو جاتا ہے
ہمیں بھی جانا وہیں پہ وہ جدھر گیا

حسیب آج بھی راہیں یوں ہی مُنور ہیں
چراغ نہاں سے روشن وہ راہیں حو کر گیا

سال گراہ

سال بہت ہو چکے
گرہ باندھتے باندھتے

اب توقف حضور
ڈوری کھِچھنے کو ہے

جاں بالب ہو چلی
سانس اُکھڑنے کو ہے

عمر بھر کا سفر
خاک ہونے کو ہے

مُنتظِر خاک اب
چاک ہونے کو ہے

لہدِ مُضطرِب جِناب
بیباک ہونے کو ہے

جِسمُ و جاں کا محل
تراب ہونے کو ہے

حسیب یہ زندگی
خواب ہونے کو ہے

دیوانے

تو نہ آیا ، تیرے دیوانے کِدھر جائیں گے
شدتِ درد جُدائ تو نہ سہہ پائیں گے

تو نہیں ہے، تیرے آنے کی تمنّا اب بھی
دِن اِس تمنّا کے سہارے کیا گُزر جائیں گے؟

ہم نے سوچا تھا، تیری یاد کا تحفہ لے کر
تیرے کُوچے کی سِمت نِکل جائیں گے

تیری خُوشبو کے تعاقب میں ہوا کی مانند
تیرے کوچے کی فضاوں میں بِکھر جائیں گے

تیری گلیاں تیری یادوں سے مُنور کر کے
تیری دہلیز پہ پہنچیں گے، ٹھہر جائیں گے

خاکِ دہلیز تیری یادوں سے مہک اُٹھے گی
مُشکبو یادوں کے رنگ آنگن میں اُتر آئیں گے

تیرے کوچے میں پہنچے تو کیا منظر دیکھا
نام لینے پہ تیرے، لوگ ایسے بِپھر جائیں گے

سنگ دل لوگوں کی سنگریزوں کی بارِش کرنی
کیا خبر تھی ہمیں، سنگسار یوں ہو جائیں گے

اور تیری یاد کو سینے سے لگا کر ہم پھِر
تیرے کوچے، تیری گلیوں سے نِکل جائیں گے

سنگ دل لوگوں کی یہ کیسی ہے بستی حسیب
اپنی آنکھوں میں نمی لے کر کِدھر جایں گے

شعر

شعر مُقید نہیں مضمون کا نہ عنوانوں کے
پیش خیمہ ہیں دل میں ٹھہرے ہوے طوفانوں کے
ایک قطرے میں سِمٹے ہُوے دریاؤں کے
لوگ سمجھے سائے زُلفوں کی گھنی چھاؤں کے؟
یہ تو جھرنے ہیں یادوں کے کِسی گاؤں کے
ہوا کے جھونکے، درختوں کی گھنی چھاؤں میں
دِل کی دہلیز سے جاتی ہوئ سب راہوں کے
غم کے ویرانوں کے دہکتے ہوے صحرا وں کے
شعر تابع نہیں گُفتار کے پیراوں کے
ہاں ترانے ہیں فرِشتوں کی گزرگاہوں کے
جو وہ سُنتے ہیں یزداں کی سحرگاوں سے
شاعر کاتِب ہے اِن الہام کے پیاروں کے

غم کا آستانا

شعر اب سُنانا کیا
عمر بھر بِتانا کیا

یار تیری چاہت میں
جیون کا قیدخانہ کیا

منزِلوں کو چھو کر پھر
یوں ہی لوٹ آنا کیا

اُس کی ہی آرزو کرکے
اس سے ہی چھُپانا کیا

موتی بھرنا آنکھوں میں

گھر کو لوٹ آنا کیا

غم کے اِک سمندر کو

دل میں ہی بسانا کیا

حسیب تیری ہستی تو

ہے غم کا آستانا کیا؟

جی نہیں کرتا

درد سہنے کو جی نہیں کرتا
شعر کہنے کو جی نہیں کرتا

دل کے اندر تو ایسا طُوفاں ہے
خُود میں رہنے کو جی نہیں کرتا

ہم جو تُم کو بتانے آئے تھے
اب وہ کہنے کو جی نہیں کرتا

تو نے ہم پر ہے ایسا وار کیا
کوئ قاتل بھی یوں نہیں کرتا

تیرے جانے کے بعد محفل سے
خِزاں میں رہنے کو جی نہیں کرتا

اب تو ایسی اداس محفل ہے
کُچھ بھی کہنے کو جی نہیں کرتا

تو نہیں ہے تو اب ہمارا حسیب
زیست سہنے کو جی نہیں کرتا

ہم کو اس سے کیا

تُم پوچھ یہ رہے ہو، نمودِ سحر ہے کیا
مُجھ کو تو یہ خبر بھی نہیں کہ، سحر ہے کیا

میں کیا کہوں کسی کو، کہ کیسے ہے گھر بنے
جب جانتا نہیں میں، کہ بام و در ہے کیا

تیری ہی چاہ میں بس، گُزر آئے ہیں آگ سے
زِندا ہیں یا نہیں، ہمیں ، اس امر سے کیا

ہم تُجھ کو پا سکیں، یہ تمنا نہیں رہی
تو پاس ہو ہمارے، ہمیں "کِس قدر" سے کیا

مُجھ کو گِلہ نہیں، تو نے کیوں ساتھ چھوڑا
دِل گر نہ سہہ سکا، تُجھے اس ستم سے کیا

فقط ربتِ لالہ ہی ہمیں چاہیے حسیب
تغافل کرے زمان، ہمیں اس کے غم سے کیا

مُنفرد شاعر

کیوں مُجھ سے مانگتے ہو، تُم فیض سی روانی
ساغر، فراز کی سی جذبوں کی خوش بیانی

میں اہل دل ہوں یارو، اہل زَباں نہیں میں
سادا زبان میں ,میں، کروں دل کی ترجمانی

نہیں جانتا زرا میں پیچ و خم زباں کے
مُجھے کیا خبر بیاں میں آتی ہے کب روانی

جو کُچھ بھی دیکھتا ہوں با نگاہ قلب بسمل
تصویر کھینچتا ہوں اشعار کی زبانی

غالب نہ میر کی ہے، یہ میری شاعری ہے
سو اشعار کر رہے ہیں میری ہی ترجُمانی

کیوں کر رہے ہو مُجھ سے حسیب معازنہ کِسی کا
میں مُنفرد ہوں شاعر، میری مُنفرد کہانی

انصاف کی موت

رفتہ رفتہ میرے وطن، تُجھے کھو رہا ہوں میں
انصاف، تیرے مرجانے پہ ,بس رو رہا ہوں میں

یزید گر پُکارے، عدل حاضر ہے ہر گھڑی
حُسین پُوچھ لے تو کہے، سو رہا ہوں میں

گر چور اِک گدا ہو تو پھینکو اور بھُول جاؤ
قاروُں سے گر گُناہ ہو ، بہت مہربان ہوں میں

یارب تیری زمیں پہ قاضی ہیں کون لوگ
مایوس مُنصفوں سے بہت ہو رہا ہوں میں

بس تیری مُنصفی سے اُمیدیں ہیں باندھ لیں
سو تیرے در پہ رکھ کے جبیں، رو رہا ہوں میں

مظلوُم و بیکساں کی مدد، اس جہان میں
ظالم کو جہاں ہی میں سزا، مانگتا ہوں میں

یارب میرے وطن کو جو لوٹ کھا گیے
اُن کو ملے کہیں نہ اماں چاہتا ہوں میں

یارب میرے وطن کو ملے ایسا عظیم اسم
بن جائے یثربِ زماں، یہی سوچتا ہوں میں

یارب یہ اشک میرے، تیرے شایانِ شاں نہیں
لیکن تو میرا رب اور، بندہ تیرا ہوں میں

حسیب تیری دعا مُقرب ہے یا نہیں
سُنتا بس اِک خدا ہے، یہ جانتا ہوں میں

ظلمتوں کا راہی

موت کی حقیقت، کِسی پسماندہ دِل سے پوُچھ
وہ تُجھ سے کیا کہے گا جو خُود کر گیا ہو کوچ

تُو سدا رہے سلامت، تیرے بام و در کی خیر
میں ہوں بام و در سے باہر، سو میری خبر نہ پوچھ

کبھی دھوُپ، تیغ زن اور کبھی مُشتعل ہوائیں
کیسا خاک و خُوں کا توفاں میرے ہم نفس نہ پوُچھ

شب و روز تُجھ پہ ہووے یوں ہی رحمتوں کی بارِش
میں ہوں ظلمتوں کا راہی، میرے روز و شب نہ پوُچھ

حسیب تُم تو چھوڑ آئے کیئ قرضِ جاں وطن میں
سو ہے زیست کُتنی بوجھل اور مُضطرِب نہ پوُچھ